Comunhão aos enfermos e celebrações de exéquias

Pastoral da Saúde
Diocese de Palmas e Francisco Beltrão/PR

Comunhão aos enfermos e celebrações de exéquias

Dados Internacionais de Catalogação na Publicação (CIP)
(Câmara Brasileira do Livro, SP, Brasil)

Igreja Católica. Diocese de Palmas e Francisco Beltrão (PR). Pastoral da saúde

Comunhão aos enfermos e celebrações de exéquias / Pastoral da saúde. — 3. ed. — São Paulo : Paulinas, 2011. — (Coleção avulso)

Bibliografia.
ISBN 978-85-356-2972-9

1. Comunhão aos enfermos 2. Exéquias - Celebração litúrgica I. Título. II. Série.

11-13022   CDD-264.025

Índices para catálogo sistemático:
1. Comunhão aos enfermos : Sacramento : Cristianismo   264.025
2. Exéquias : Celebração : Cristianismo   264.025

Siglas: D – Dirigente; L – Leitor; M – Ministro
Citações bíblicas: *Bíblia Sagrada*. 2.ed. Tradução da CNBB, 2002.

Este livro segue a nova ortografia da Língua Portuguesa.

Direção-geral: *Flávia Reginatto*
Editores responsáveis: *Vera Ivanise Bombonatto e Antonio Francisco Lelo*
Copidesque: *Maria Goretti de Oliveira*
Coordenação de revisão: *Marina Mendonça*
Revisão: *Ruth Mitzuie Kluska e Jaci Dantas*
Direção de arte: *Irma Cipriani*
Gerente de produção: *Felício Calegaro Neto*
Diagramação: *Telma Custódio*

3ª edição – 2011
8ª reimpressão – 2023

Nenhuma parte desta obra poderá ser reproduzida ou transmitida por qualquer forma e/ou quaisquer meios (eletrônico ou mecânico, incluindo fotocópia e gravação) ou arquivada em qualquer sistema ou banco de dados sem permissão escrita da Editora. Direitos reservados.

Paulinas

Rua Dona Inácia Uchoa, 62
04110-020 – São Paulo – SP (Brasil)
Tel.: (11) 2125-3500
http://www.paulinas.com.br
editora@paulinas.com.br
Telemarketing e SAC: 0800-7010081

© Pia Sociedade Filhas de São Paulo – São Paulo, 2009

Apresentação

As atitudes do Pastor, solidário e compadecido, matizaram profundamente as palavras e os comportamentos de Jesus, o Bom Pastor. Os Evangelhos repetem, com gosto, as reações do Senhor, que, "cheio de compaixão" (Lc 7,13), pronunciava algumas palavras de consolo, ou reagia com um gesto de libertação (Mc 1,41), ou tomava alguma decisão solidária (Mt 14,14.16.18). Quem estava mergulhado na dor encontrava nele as mais comoventes expressões de amor.

É missão da Igreja tornar reconhecível a compaixão do Senhor por aqueles que sofrem. Por isso mesmo, a Pastoral da Saúde da Diocese de Palmas e Francisco Beltrão tomou a iniciativa de elaborar este opúsculo, com o objetivo de auxiliar as pessoas que, "movidas de compaixão", dispõem-se a aproximar-se, com fé, daqueles que sentem a dor da doença ou da morte. Para quem crê, a doença ou a morte podem ensejar profundas experiências de fé. Todavia, é preciso que alguém seja sinal de esperança aos que estão golpeados pela dor. Pois bem, este pequeno livro pode ajudar os "solidários a solidarizarem-se". E o faz sugerindo textos, propondo roteiros de celebração, recordando passagens bíblicas, oferecendo cantos, salmos e orações.

A pretensão é modesta, simples, desinteressada e livre, movida por razões de amor a Jesus Cristo, amor aos doentes e às famílias enlutadas. A equipe que o preparou sente-se gratificada pela colaboração que pode proporcionar. Mais gratificada ainda sentir-se-á se os irmãos que, prostrados pela dor já não conseguem rezar, servirem-se destas páginas para falar ao seu Senhor e deixar-se consolar por ele.

D. José Antonio Peruzzo
Bispo Diocesano
Diocese de Palmas e Francisco Beltrão (PR)

Introdução

Este subsídio pretende auxiliar nos momentos em que os doentes mais precisam da oração e da ajuda da comunidade. Os ministros poderão fazer uso deste subsídio na hora de levar a Eucaristia aos enfermos; no momento da dor e da separação. São oferecidas orações que servirão de apoio aos familiares por sete dias, quando da perda de seu ente querido.

Com esta publicação, deseja-se comemorar os dez anos de Pastoral da Saúde na Diocese de Palmas e Francisco Beltrão, que leva alegria, esperança e amor às famílias que acolhem os agentes da pastoral e os ministros auxiliares em seus lares.

Que este opúsculo seja o mensageiro de um agradecimento especial às centenas de agentes da pastoral da saúde que participaram ou fazem parte desta linda Pastoral em todas as paróquias.

Arcinda Maria Dalacosta
Coordenadora diocesana

PRIMEIRA PARTE

Comunhão aos enfermos

Visita aos doentes

Visitar um doente é realizar "comunhão" com o seu sofrimento e partilhar da sua dor. No momento de sofrimento é muito importante a presença dos irmãos tanto para quem sofre quanto para seus familiares. O doente nunca esquece uma visita recebida. Ao fazer a visita, sempre que possível, seja celebrada a Palavra de Deus para confortar o doente, aumentar sua fé e sua confiança em Deus.

Orientações gerais

Como proceder em uma visita ao doente com distribuição da Comunhão:

1) Ao chegar, o ministro cumprimenta as pessoas. Estende o corporal sobre a mesa e coloca a Santa Eucaristia. Convida as pessoas presentes a participar.

2) Arruma uma mesa com toalha, uma vela acesa, um crucifixo, um copo com água.
3) Se o enfermo tiver dificuldade de engolir, pode-se dar água para facilitar.
4) Os familiares, principalmente o responsável de cuidar do doente, se o desejarem, poderão também comungar.

A seguir, são oferecidos:
- Dois modelos de celebração para visita e comunhão a um enfermo.
- Oração com os agonizantes.

Visita e comunhão a um enfermo – primeira sugestão

Ritos iniciais

L – Estamos reunidos em comunidade e queremos rezar por **N.**, que se encontra, neste momento, sem condições de frequentar a Igreja. Como irmãos, trazemos o conforto e a certeza de que ele(a) não está só. É na hora do sofrimento que precisamos ter mais fé e confiança em Deus.

T – Em nome do Pai e do Filho e do Espírito Santo. Amém.

Canto (final do livro)

M – Ó Jesus, que dissestes: "Onde dois ou mais estiverem reunidos em meu nome, eu estarei no meio deles", vinde e ficai conosco. Fazei-nos entender, amar e viver a vossa Palavra.

Ato penitencial

M – Tantas vezes, em nossa caminhada, não fomos fiéis à Palavra de Deus, falhamos no relacionamento com os irmãos. Por isso, pedimos perdão:

Cada um pode apresentar seu pedido de perdão, e todos respondem:

T – Senhor, tende piedade de nós.

M – Oremos.

Olhai, Senhor, para a sinceridade de nosso coração. Somos fracos e limitados, por isso pecamos. Porém, confiamos em vossa misericórdia e esperamos o vosso perdão. Isso vos pedimos, ó Pai, por nosso Senhor Jesus Cristo, vosso Filho, na unidade do Espírito Santo.

T – Amém.

Liturgia da Palavra

L – O Senhor esteja conosco!

T – Ele está no meio de nós.

L – Proclamação do Evangelho de Jesus Cristo, segundo Mateus (Mt 8,5-10.13).

T – Glória a vós, Senhor.

M – Quando Jesus entrou em Cafarnaum, um centurião aproximou-se dele, suplicando: "Senhor, o meu criado está de cama, paralisado e sofrendo demais". Ele respondeu: "Vou curá-lo". O centurião disse: "Senhor, eu não sou digno de que entres em minha casa. Dize uma só palavra e o meu criado ficará curado. Pois eu, mesmo sendo subalterno, tenho soldados sob as minhas ordens; e se ordeno a um: 'Vai', ele vai; a outro: 'Vem', ele vem; se digo, ao meu escravo: 'Faze isto!', ele faz.

Ao ouvir isso, Jesus ficou admirado e disse aos que o estavam seguindo: "Em verdade, vos digo: em ninguém em Israel encontrei tanta fé". Então, Jesus disse ao centurião: "Vai! Seja feito conforme acreditaste". E na mesma hora, o criado ficou curado.

Palavra da Salvação!

T – Glória a vós, Senhor.

Breve reflexão

M – Humildemente, renovemos nosso compromisso batismal, fazendo a nossa profissão de fé.

T – Creio em Deus Pai...

Oração comunitaria

M – Rezemos a Deus Pai, com plena certeza de que seremos atendidos! Após cada invocação, a nossa resposta será: "Senhor, escutai a nossa prece".

L – Por todos os batizados, para que, mesmo no sofrimento, permaneçam fiéis à sua fé em Jesus; rezemos...

L – Por todos os doentes, para que possam contar com a presença de pessoas que lhes deem atenção e os cuidados necessários; rezemos...

L – Por **N.**, a fim de que o Senhor o(a) favoreça com o dom da saúde, ser for sua vontade, e para a sua maior glória; rezemos...

L – Para que nós todos saibamos viver nossa fé, na alegria e no sofrimento; rezemos...

L – Pelos excluídos, pelos que padecem fome e sede e pelos que sofrem perseguição, a fim de que o Senhor os ajude a vencer os sofrimentos; rezemos...

M – O Batismo nos tornou irmãos em Cristo e filhos do mesmo Deus. Por isso, rezemos juntos a oração na qual chamamos a Deus de Pai. Pai nosso...

Comunhão

Abrindo a teca, o ministro faz genuflexão, toma a hóstia consagrada na mão e apresenta ao enfermo (a) dizendo:

M – Jesus vivo, Corpo, Sangue, Alma e Divindade, está aqui presente. Façamos um momento de adoração ao Santíssimo Sacramento. Renovemos nossa fé neste mistério de amor.

Após alguns instantes de silêncio:

M – "Felizes os convidados para a Ceia do Senhor. Eis o Cordeiro de Deus, que tira o pecado do mundo."

T – Senhor, eu não sou digno(a) de que entreis em minha morada, mas dizei uma palavra e serei salvo(a).

O doente comunga. Faz-se um instante de silêncio, depois pode-se cantar.

Ação de graças

M – Ó Jesus, cremos que estais presente na Eucaristia. Fazei que jamais nos afastemos de vós. Sois nosso guia a caminho do Pai. Permanecei conosco, fortalecei nossa fé, aumentai nossa esperança e fazei que vos amemos sempre mais, e aumentai em nós o amor aos irmãos. Amém.

Canto (final do livro)

Bênção final

O ministro estende a mão sobre o doente:

M – Que o Senhor seja a nossa força e proteção; dê-nos a sua paz e a sua graça. Que o Senhor nos guarde de todo o mal e dê-nos a sua bênção, em nome do Pai e do Filho e do Espírito Santo.

T – Amém.

M – Permaneçamos em paz e glorifiquemos a Deus com nossa vida.

T – Amém.

Visita e comunhão a um enfermo – segunda sugestão

Ritos iniciais

M – É a Trindade Santa que nos reúne.

T – Em nome do Pai e do Filho e do Espírito Santo. Amém.

M – A paz esteja nesta casa e com todos os seus habitantes.

T – Amém.

M – Trazemos a esta casa Jesus, o verdadeiro alimento, força e conforto para a nossa vida, o Pão Vivo descido do céu, que quer sempre ajudar-nos na doença e no sofrimento. Por meio dele, compreendemos melhor o valor da vida, quando unida e entregue a Deus. Em Cristo está a nossa felicidade, alegria, paz e amor.

Ato Penitencial

O ministro motiva o doente e os presentes ao arrependimento.

M – Irmãos, peçamos o perdão de nossos pecados a Deus, rezando:

T – Confesso a Deus todo-poderoso e a vós, irmãos e irmãs, que pequei muitas vezes por pensamentos e palavras, atos e omissões, por minha culpa, minha tão grande culpa. E peço à Virgem Maria, aos anjos e santos e a vós, irmãos e irmãs, que rogueis por mim a Deus, nosso Senhor.

M – Deus Todo-Poderoso tenha compaixão de nós, perdoe os nossos pecados e nos conduza à vida eterna.

T – Amém.

Liturgia da Palavra

Motivar para ouvir a Palavra de Deus.

L – Proclamação do Evangelho de Jesus Cristo, segundo Mateus (Mt 14,23-33).

T – Glória a vós, Senhor.

L – Depois de despedir as multidões, Jesus subiu à montanha, a sós, para orar. Anoiteceu, e Jesus continuava lá, sozinho. O barco, entretanto, já longe da terra, era atormentado pelas ondas, pois o vento era contrário. Nas últimas horas da noite, Jesus veio até os discípulos, andando sobre o mar. Quando os discípulos o viram andando sobre o mar, ficaram apavorados e disseram: "É um fantasma". E gritaram de medo. Mas Jesus logo lhes falou: "Coragem! Sou eu. Não tenhais medo!". Então Pedro lhe disse: "Senhor, se és tu, manda-me ir ao teu encontro, caminhando sobre a água". Ele respondeu: "Vem!". Pedro desceu do barco e começou a andar sobre a água, em direção a Jesus. Mas, sentindo o vento, ficou com medo e, começando a afundar, gritou: "Senhor, salva-me!". Jesus logo estendeu a mão, segurou-o, e lhe disse: "Homem de pouca fé, por que duvidaste?". Assim que subiram no barco, o vento cessou. Os que estavam no barco ajoelharam-se diante dele, dizendo: "Verdadeiramente, tu és o Filho de Deus!".

Palavra da Salvação.

T – Glória a vós, Senhor.

Ministro dirige uma breve mensagem fundamentada no Evangelho.

M – Irmãos, Jesus nos ensinou a rezar chamando a Deus de Pai. Preparando-nos para a comunhão, rezemos confiantes: Pai nosso...

M – Senhor Jesus Cristo, Filho de Deus vivo, que, cumprindo a vontade do Pai e agindo com a força do Espírito Santo, pela vossa morte, destes vida ao mundo; livrai-nos dos nossos pecados e de todo o mal. Pelo vosso Corpo que vamos receber, dai-nos a graça de cumprir a vossa vontade e jamais separar-nos de vós.

Rito de Comunhão

M – Cristo é nossa força, e se dá em alimento. Ele quer ser recebido com alegria.

O ministro toma a hóstia e elevando-a diz:

M – Felizes os convidados à Ceia do Senhor. Eis o Cordeiro de Deus que tira o pecado do mundo.

T – Senhor, eu não sou digno(a) de que entreis em minha morada, mas dizei uma palavra e serei salvo(a).

O ministro distribui a comunhão e se observa alguns instantes de silêncio.

Ação de graças e bênção final

L – Senhor, Pai Santo, Deus Eterno e Todo-Poderoso, cheios de confiança, vos pedimos que o Corpo Sagrado de Jesus Cristo, vosso Filho e nosso Senhor, recebido em comunhão por nosso irmão(a), seja para ele um remédio para o corpo e para alma, para esta vida e para a vida eterna.

T – Amém.

M – Que Jesus seja sempre o verdadeiro conforto para este(a) nosso(a) irmão(a); por isso, com alegria e confiança, podemos dizer:

M – O Senhor esteja conosco.

T – Ele está no meio de nós.

M – Desça sobre todos nós, em forma de saúde e paz, a bênção de Deus Todo-Poderoso, Pai e Filho e Espírito Santo.

T – Amém.

M – Vamos em paz, que o Senhor permaneça com todos para sempre.

T – Amém.

Oração com os agonizantes

Orientações gerais

- A caridade com o próximo faz os cristãos expressarem sua comunhão com o irmão(a) que esteja na iminência da morte, implorando com ele e para ele a misericórdia de Deus e a confiança em Cristo.

- Podem ser estas orações ou outras, de acordo com o estado espiritual e físico do agonizante. Reza-se em voz baixa, lentamente, deixando espaço para o silêncio. De tempo em tempo rezar jaculatórias conhecidas.

- Caso a pessoa venha a falecer, todos se ajoelham, se possível, um dos presentes recita esta oração: "Vinde em seu auxílio, santos de Deus. Vinde ao seu encontro, anjos do Senhor. Acompanhai este(a) irmão(a) à presença do Senhor".

- De acordo com as características do local, o ministro precisa estar atento para perceber a sensibilidade dos familiares e propor adequadamente as orações ou esperar que as solicitem, evitando incompreensões.

* * *

M – Irmãos, Jesus é a Ressurreição e a Vida. É a nossa esperança. Quem nele acredita e vive o que ele ensinou recebe como recompensa a vida eterna. Somos fracos e pecadores, mas a misericórdia e o amor infinito de Deus sempre perdoam as nossas fraquezas.

M – N., estamos aqui ao seu lado para ajudá-lo nesta hora de dor e sofrimento. Deus, o Senhor de nossa vida, conhece todas as nossas necessidades e está sempre atento aos nossos pedidos.

Se tiver um crucifixo, colocá-lo na mão do doente.

M – N., tome a santa cruz. Tenha confiança em Cristo, que morreu na cruz para nos salvar dos pecados, e ressuscitou para nos dar a vida eterna.

Entrega uma vela acesa num gesto de caridade cristã.

M – N., tenha confiança em Deus. Receba esta vela acesa. É sinal de sua fé conservada no coração e esperança para a vida eterna.

Oração

M – Pai de bondade e misericórdia, nós vos pedimos por nosso(a) irmão(ã) que se encontra enfermo(a). Recebei seus sofrimentos e dai-lhe forças para vencer com espírito cristão os momentos difíceis pelos quais está passando. Nesta hora de angústia humana, nós nos unimos a vós e à Igreja celeste, para dizer.

M – Senhor, tende piedade de nós.

T – Senhor, tende piedade de nós.

M – Cristo, tende piedade de nós.

T – Cristo, tende piedade de nós.

M – Senhor, tende piedade de nós.

T – Senhor, tende piedade de nós.

M – Pai Santo, que sois Deus.

T – Tende piedade de nós.
M – Espírito Santo, que sois Deus de Amor.
T – Tende piedade de nós.

Após cada invocação rezar: "Rogai por nós".

M – Santa Maria, mãe dos homens
M – Santa Maria, mãe dos agonizantes.
M – São José, padroeiro dos agonizantes.
M – São Francisco.
M – Santo Agostinho.
M – Santos e Santas de Deus.

Responder: "Livrai-nos, Senhor".

M – De todo o mal...
M – De todo o pecado...
M – Da falta de confiança...
M – Da falta de fé...
M – De todo erro...
M – De tudo o que nos separa de vós...

M – Senhor, tende piedade de nós.
T – Senhor, tende piedade de nós.
M – Pai-Nosso, Ave-Maria, Glória-ao-Pai.

Repetir depois do ministro.

M – Jesus, Maria, José, eu vos dou todo o meu ser.
M – Jesus, Maria, José, ajudai-me nos meus sofrimentos.
M – Jesus, Maria, José, dai-me a vossa paz.

SEGUNDA PARTE

Celebrações de exéquias

Orientações gerais

Nesta celebração, o objetivo não é só encomendar os mortos a Deus. "Lembrem-se todos, ao oficiarem a liturgia das exéquias, de que lhes cabe tanto o despertar a esperança dos participantes, quanto fortificar a fé no mistério pascal e na ressurreição dos mortos, de modo que, levando-lhes o carinho da santa Igreja e a consolação da fé, levantem o ânimo dos fiéis sem, porém, ofender a tristeza dos que sofrem" (Ritual de exéquias, n. 17).

A hora da despedida é um momento muito dolorido e delicado. O ministro procure manter a calma e serenidade de todos. É hora de acolher a família e amigos com palavras de consolo e esperança na Ressurreição. De acordo com as características do local, o ministro estará atento para perceber a sensibilidade dos familiares e propor adequadamente as orações ou esperar que as solicitem, evitando incompreensões.

Na impossibilidade de o sacerdote presidir a celebração de exéquias, esta poderá ser confiada a um diácono ou a um(a) religioso(a), ou a um leigo, mandados para o efeito pela competente autoridade eclesiástica (Ritual de exéquias, n. 19).

- Oferecemos duas sugestões de celebrações para exéquias de adultos, que podem ser realizadas em tempos diferentes durante o velório. A primeira forma se aplica melhor quando há uma reunião maior de pessoas.
- Há orações próprias junto à sepultura, se o ministro acompanhar o funeral.
- Há uma celebração de exéquias de crianças para ser rezada no velório e orações próprias junto à sepultura.
- Este subsídio traz as celebrações para os sete dias após a morte, antes da missa de sétimo dia. Atualmente se valorizam muito a atenção e visita à família enlutada.
- Traz também a reza do Rosário, alguns Salmos e cantos.

Celebração no velório de adultos – primeira sugestão

L1 – Todos nós estamos unidos pelos sentimentos de pesar pelo falecimento de **N**. Queremos nos unir ainda mais em Cristo, rezando, ouvindo e meditando juntos a Palavra do Senhor.

L2 – Diante da dor e da morte, só a Palavra de Deus, ouvida com fé, pode nos ajudar a encontrar uma resposta às nossas perguntas. Por que a dor?... Por que a morte?... Por isso, nos coloquemos neste momento em oração e meditação.

Ritos iniciais

M – É a fé que nos une, rezemos juntos: Em nome do Pai e do Filho e do Espírito Santo.

M – Que a graça de nosso Senhor Jesus Cristo, o amor do Pai e a comunhão do Espírito Santo estejam convosco.

T – Bendito seja Deus que nos reuniu no amor de Cristo.

M – Para que nossa oração seja sincera e manifeste nossa união, peçamos perdão de tudo que nos desune dos irmãos e do Pai. Arrependidos de nossas faltas, confessemos os nossos pecados:

T – Confesso a Deus Todo-Poderoso e a vós, irmãos e irmãs, que pequei muitas vezes por pensamentos e palavras, atos e omissões, por minha culpa, minha tão grande culpa. E peço à Virgem Maria, aos anjos e santos e a vós, irmãos e irmãs, que rogueis por mim a Deus, nosso Senhor.

M – Senhor, tende piedade de nós.

T – Senhor, tende piedade de nós.

M – Cristo, tende piedade de nós.

T – Cristo, tende piedade de nós.

M – Senhor, tende piedade de nós.

T – Senhor, tende piedade de nós.

M – Oremos.

Pai Santo, Deus Eterno e Todo-Poderoso, nós vos pedimos por nosso(a) irmão(ã) **N.**, que chamaste deste mundo. Dai-lhe a felicidade, a paz e a luz eterna. Tendo passado pela morte, participe do convívio de vossos santos, na luz eterna, como prometeste a Abraão e a sua descendência. Que ele(a) nada sofra, e vos digneis ressuscitá-lo(a) com os vossos santos no dia da ressurreição e da recompensa. Perdoai-lhe os seus pecados para que alcance junto a vós a vida imortal no Reino eterno. Por Jesus Cristo, vosso Filho, que convosco vive e reina na unidade do Espírito Santo.

Liturgia da Palavra

L1 – São Paulo nos diz que Cristo ressuscitou e esta é a certeza de que nós todos ressuscitaremos com ele.

L2 – Leitura da Primeira Carta de São Paulo aos Coríntios (1Cor 15,20-28).

Irmãos! Cristo ressuscitou dos mortos como primícias dos que morreram. Com efeito, por um homem veio a morte e é também por um homem que vem a ressurreição dos mortos. Como em Adão todos morrem, assim em Cristo todos serão vivificados. Cada qual, porém, na sua própria categoria: como primícias, Cristo; depois, os que pertencem a Cristo, por ocasião da sua vinda. A seguir, será o fim, quando ele entregar a realeza a seu Deus e Pai, depois de destruir todo principado e toda autoridade e poder. Pois é preciso que ele reine, *até que Deus ponha todos os seus inimigos debaixo de seus pés*. O último inimigo a ser destruído é a morte. Com efeito, *Deus pôs tudo debaixo de seus pés*. Ora, quando ele disser: "Tudo está submetido", isso evidentemente não inclui Aquele que lhe submeteu todas as coisas; mas quando tudo lhe estiver submetido, então o próprio Filho se submeterá Àquele que lhe submeteu todas as coisas, para que Deus seja tudo em todos.

Palavra do Senhor!

T – Graças a Deus.

Salmo 121 (Salmo de confiança)

L1 – Levanto os olhos para os montes: de onde me virá auxílio?

L2 – Meu auxílio vem do Senhor, que fez o céu e a terra.

L1 – Ele não deixará teu pé vacilar, não dormirá aquele que te guarda.

L2 – Não, ele não dorme e nem cochila o vigia de Israel.

L1 – O Senhor é teu guarda, o Senhor é como a sombra que te cobre, e está à tua direita.

L2 – De dia não te molestará o sol, nem a lua, durante a noite.

L1 – O Senhor te preservará de todo o mal, preservará tua vida.

L2 – O Senhor vai te proteger quando sais e quando entras, desde agora e para sempre.

L1 – Glória ao Pai...

L2 – Como era no princípio, agora e sempre. Amém.

L1 – Dai-lhe, Senhor, o repouso eterno.

L2 – E brilhe para ele(a) a luz da vossa face.

Evangelho

L2 – Jesus se apresenta como a Ressurreição e a Vida, mostra que a morte é apenas uma necessidade biológica.

Canto de aclamação

Fala, Senhor, pela Bíblia, tu és palavra que salva...
Em mim é tudo silêncio, eu quero ouvir tua voz...
Fala, Senhor, pela vida, é tua a vida nos homens...
Em mim é tudo silêncio, eu quero ouvir tua voz...

M – O Senhor esteja convosco!

T – Ele está no meio de nós!

M – Proclamação do Evangelho de Jesus Cristo, segundo João (Jo 11,17-27)

T – Glória a vós, Senhor.

M – Quando Jesus chegou, encontrou Lázaro já sepultado, havia quatro dias. Betânia ficava a uns três quilômetros de Jerusalém. Muitos judeus tinham ido consolar Marta e Maria pela morte do irmão. Logo que Marta soube que Jesus tinha chegado, foi ao encontro dele. Maria ficou sentada, em casa. Marta, então, disse a Jesus: "Senhor, se tivesses estado aqui, meu irmão não teria morrido. Mesmo assim, eu sei que o que pedires a Deus, ele te concederá". Jesus respondeu: "Teu irmão ressuscitará". Marta disse: "Eu sei que ele vai ressuscitar, na ressurreição do último dia". Jesus disse então: "Eu sou a ressurreição e a vida. Quem crê em mim, ainda que tenha morrido, viverá. E todo aquele que vive e crê em mim, não morrerá jamais. Crês nisto?". Ela respondeu: "Sim, Senhor, eu creio firmemente que tu és o Cristo, o Filho de Deus, aquele que deve vir ao mundo".

Palavra da Salvação.

Fazer um breve comentário sobre as leituras.

L1 – Vamos juntos professar a nossa fé. Manifestemos nossa fé em Deus, que tudo criou para nossa felicidade neste mundo e que, fazendo-nos parecidos com ele, nos quer eternamente juntos dele.

T – Creio, Senhor, mas aumentai a minha fé.

L2 – Manifestemos nossa fé em Jesus Cristo, Filho da Virgem Maria, por obra do Espírito Santo, que estando entre nós ensinou o caminho para o Pai e deu sua vida para que tivéssemos a vida na graça.

T – Creio, Senhor, mas aumentai a minha fé.

L1 – Manifestemos nossa fé no Espírito Santo que nos faz viver o que Cristo nos ensinou, preparando-nos assim para a vida eterna com Deus.

T – Creio, Senhor, mas aumentai a minha fé.

L2 – Manifestemos nossa fé na Igreja, na ressurreição dos mortos e na felicidade eterna de todos os que seguem Jesus.

T – Creio, Senhor, mas aumentai a minha fé.

Oração dos fiéis

M – Façamos nossas preces pelos falecidos, para que Deus conceda a todos a salvação.

L1 – Pelo nosso(a) irmão(ã) **N.**, que recebeu no Batismo a semente da vida eterna, para que Deus lhe conceda o convívio dos santos, rezemos ao Senhor...

T – Atendei a nossa prece.

L1 – Pelo nosso(a) irmão(ã), que comungando o Corpo de Cristo recebeu o Pão da Vida eterna, para que ressuscite no último dia, rezemos ao Senhor...

T – Atendei a nossa prece.

L1 – Para que Deus liberte nosso(a) irmão(ã) do poder das trevas e das penas do pecado, rezemos ao Senhor...

T – Atendei a nossa prece.

L1 – Para que Deus em sua infinita misericórdia perdoe para sempre as faltas de **N.**, rezemos ao Senhor...

T – Atendei a nossa prece.

L1 – Por todos os que sofrem, para que nunca se julguem abandonados por Deus, rezemos ao Senhor...

T – Atendei a nossa prece.

T – Pai nosso...

Oração de encomendação

M – Conforme o costume cristão, vamos sepultar o corpo do nosso(a) irmão(ã) **N.** Peçamos, com toda a confiança a Deus – para quem tudo vive – que ressuscite na glória dos santos este pobre corpo que hoje sepultamos e acolha sua alma entre os eleitos. Que ele alcance misericórdia no julgamento, para que, resgatado pela morte e absolvido de seus pecados, seja reconciliado com o Pai. E, transportado nos ombros do Bom Pastor, mereça gozar a alegria eterna na companhia de Cristo Rei com todos os seus santos.

O corpo é aspergido com água benta.

L1 – Santos de Deus, vinde em seu auxílio; anjos do Senhor recebam-no(na) na glória eterna. **N.** Cristo o chamou. Ele o receba e lhe dê a felicidade eterna.

M – Em vossas mãos, Pai de misericórdia, entregamos nosso(a) irmão(ã) **N.** na firme esperança de que ressuscite com Cristo no último dia, e com todos os que no Cristo adormeceram. Escutai, em vossa misericórdia, as nossas preces. Abri as portas do paraíso a todos, e a nós que aqui ficamos concedei que nos consolemos com as palavras da fé, até o dia em que nos encontraremos todos no Cristo, e também com este(a) nosso(a) irmão(ã). Por nosso Senhor Jesus Cristo, vosso Filho, na unidade do Espírito Santo. Amém.

L2 – Abençoe-nos o Deus Todo-Poderoso: Pai, Filho e Espírito Santo. Amém.

Meditação

Se oportuno, prossegue-se com a oração do terço.

Morte de Cristo

L2 – Vamos nos unir a Maria Santíssima que teve a experiência de velar seu Filho, morto em seus braços, depois de ser retirado da cruz. Peçamos a ela que conforte os familiares deste(a) nosso(a) irmão(ã) falecido(a).

L1 – Meditemos sobre o quinto mistério doloroso: Jesus morre na cruz por nós, após três horas de grande agonia.

1 Pai-Nosso, 10 Ave-Marias, 1 Glória-ao-Pai.

Ressurreição de Cristo

L2 – Vamos meditar o primeiro mistério glorioso – Jesus ressuscita glorioso, vencendo a morte –, rezando uma dezena do terço.

1 Pai-Nosso, 10 Ave-Marias, 1 Glória-ao-Pai.

Celebração no velório de adultos – segunda sugestão

Ritos iniciais

M – Irmãos, estamos reunidos em nome do Pai e do Filho e do Espírito Santo.

T – Amém.

M – Queremos, como família, rezar por nosso(a) irmão(ã) **N.**, que terminou sua caminhada na terra. Juntos, vamos professar a nossa fé na ressurreição e elevar as nossas preces ao Deus da vida, para que **N.** seja acolhido(a) na alegria eterna.

L1– Bendito seja o Deus e Pai de nosso Senhor Jesus Cristo. Pai de misericórdia, Deus de toda consolação, amparai-nos nesta hora de dor.

T – Senhor, escutai a minha voz.

L1 – Que teus ouvidos estejam atentos à voz de minha súplica. Não olhes Senhor as nossas faltas.

T – Senhor, escutai a minha voz.

L1 – Em vós encontra-se o perdão. Eu confio e espero em vós.

T – Senhor, escutai a minha voz.

L1 – Minha alma espera no Senhor, mais confiante do que o homem espera pelo surgir da aurora.

T – Senhor, escutai a minha voz.

L1 – Porque no Senhor se encontra a graça e a salvação. É ele que livra a todos de suas faltas.

L1 – Glória ao Pai...

M – Oremos.

Escutai, ó Pai, as nossas orações. Sede misericordioso para com o(a) vosso(a) servo(a) **N.**, que chamaste deste mundo. Concedei-lhe a luz e a paz no convívio dos santos. Por nosso Senhor Jesus Cristo que vive e reina na unidade do Espírito Santo. Amém.

Liturgia da Palavra

L1 – A nossa fé está na ressurreição. Se Cristo não ressuscitou, vã é nossa fé. Ouçamos os ensinamentos de Paulo.

L2 – Leitura da Primeira Carta de São Paulo aos Coríntios (1Cor 15,12-22).

Ora, se se prega que Cristo ressuscitou dentre os mortos, como podem alguns dentre vós dizer que não há ressurreição dos mortos? Se não há ressurreição dos mortos, então Cristo não ressuscitou. E se Cristo não ressuscitou, a nossa pregação é sem fundamento, e sem fundamento também é a vossa fé. Se os mortos não ressuscitam, estaríamos testemunhando contra Deus que ele ressuscitou Cristo enquanto, de fato, ele não o teria ressuscitado. Pois, se os mortos não ressuscitam, então Cristo também não ressuscitou. E se Cristo não ressuscitou, a vossa fé não tem nenhum valor e ainda estais nos vossos pecados. Então, também pereceram os que morreram em Cristo. Se é só para esta vida que pusemos a nossa esperança em Cristo, somos, dentre todos os homens, os mais dignos de compaixão.

Mas, na realidade, Cristo ressuscitou dos mortos como primícias dos que morreram. Com efeito, por um homem veio a morte e é também por um homem que vem a ressurreição dos mortos. Como em Adão todos morrem, assim em Cristo todos serão vivificados.

Palavra do Senhor.

T – Graças a Deus.

O ministro dirigirá algumas palavras de esperança.

Oração dos fiéis

M – Vós que chorastes sobre o túmulo de Lázaro, enxugai nossas lágrimas...

T – Nós vos pedimos, Senhor.

M – Vós que ressuscitastes dos mortos, dai a vida eterna a este(a) teu(a) filho(a) **N**....

T – Nós vos pedimos, Senhor.

M – Vós que prometestes o paraíso ao bom ladrão arrependido, recebei no céu este(a) nosso(a) irmão(ã) que hoje chamastes para junto de vós.

T – Nós vos pedimos, Senhor.

M – Recebei, Senhor, este(a) nosso(a) irmão(ã) purificado(a) pelo Batismo e ungido(a) pelo sagrado Crisma.

T – Nós vos pedimos, Senhor

M – Recebei no vosso Reino, Senhor, vosso(a) filho(a) que tantas vezes na vida presente, foi alimentado(a) com o vosso Corpo e Sangue.

T – Nós vos pedimos, Senhor.

M – Fortalecei pela consolação da fé e pela esperança da vida eterna, a nós entristecidos pela morte de nosso(a) irmão(ã).

T – Nós vos pedimos, Senhor.

M – Juntos rezemos: Pai nosso...

Oração de encomendação

M – Antes de partirmos, vamos despedir-nos de nosso(a) irmão(ã). Que esta última despedida manifeste o nosso amor, console a nossa tristeza e confirme nossa esperança. Pois esperamos abraçar de novo este(a) irmão(ã) na alegria da amizade, quando o amor do Cristo que tudo vence triunfar totalmente da morte.

O corpo é aspergido com água benta.

L2 – Vós, que ressuscitastes Lázaro do sepulcro.

T – Dai a nosso(a) irmão(ã) o repouso e o perdão.

L2 – Dai-lhe, Senhor, o repouso eterno e brilhe para ele a vossa luz.

T – Dai a nosso(a) irmão(ã) o repouso e o perdão.

M – Deus dos espíritos e de toda carne, que esmagastes a morte, aniquilastes o demônio e destes a vida ao vosso mundo; vós mesmo, ó Senhor, dai à alma de vosso(a) servo(a) **N.** o repouso num lugar luminoso, num lugar verdejante, num lugar de refrigério, no qual estejam distantes o sofrimento, a dor e o lamento. Como Deus bondoso e benigno, perdoai toda culpa por ele cometida com palavras, com obras e com a mente; porque não há homem ou mulher que viva e não peque; pois somente vós sois sem pecado, e a vossa justiça é justiça nos séculos e a vossa palavra é verdade.

Porque sois a ressurreição, a vida e o repouso de vosso(a) servo(a) **N.** Ó Cristo nosso Senhor, nós vos rendemos glória, e ao vosso ingênito Pai, com o santíssimo, bondoso e vivificante Espírito, agora e para sempre, pelos séculos dos séculos.

T – Amém.

M – Abençoe-nos o Deus Todo-Poderoso: Pai e Filho e Espírito Santo.

T – Amém.

Pode prolongar a oração com alguns dos Salmos (ao final), mas não alongar em demasia.

No cemitério – adultos

M – Como é costume cristão, vamos sepultar o corpo deste(a) nosso(a) irmão(ã) **N**. Deus o chamou para si, nós agora entregamos o seu corpo para ser sepultado. Mas Cristo ressuscitado irá transformar este corpo em um corpo glorioso. Por isso recomendamos, Senhor, que recebais este(a) nosso(a) irmão(ã), na vossa paz e concedei-lhe a ressurreição prometida.

Oremos.

Senhor Jesus Cristo, que permanecendo três dias no sepulcro santificastes os túmulos de vossos fiéis, para que, recebendo nossos corpos, fizessem crescer a esperança de nossa ressurreição. Que nosso(a) irmão(ã) **N**. descanse em paz neste sepulcro até que vós, ressurreição e vida, o(a) ressusciteis para contemplar a luz eterna na visão de vossa face. Vós que sois Deus com o Pai na unidade do Espírito Santo.

T – Amém.

No cemitério – adultos 53

O ministro asperge com água benta a sepultura e reza a seguinte oração dos fiéis, toda ou em parte, ou outra semelhante:

M – Rezemos pelo nosso irmão(ã) **N.** ao Senhor Jesus Cristo que disse: "Eu sou a ressurreição e a vida: aquele que crê em mim, ainda que esteja morto, viverá. E todo aquele que vive e crê em mim não morrerá para sempre".

L1 – Vós que chorastes sobre Lázaro, enxugai as nossas lágrimas.

T – Nós vos pedimos, Senhor!

L1 – Vós que prometestes o paraíso ao bom ladrão arrependido, recebei no céu nosso(a) irmão(ã).

T – Nós vos pedimos, Senhor!

L1 – Acolhei entre os santos nosso(a) irmão(ã) purificado(a) com a água do Batismo e assinalado(a) pela sagrada unção.

T – Nós vos pedimos, Senhor!

L1 – Fortalecei pela consolação da fé e pela esperança da vida eterna a nós, entristecidos pela morte de nosso(a) irmão(ã).

T – Nós vos pedimos, Senhor!

M – Oremos.

Pai de misericórdia, que este(a) vosso(a) filho(a) não sofra na vida eterna, ele(a) que desejou aqui na terra cumprir com a vossa vontade. E como na terra, pela fé, pertenceu ao vosso povo fiel, que no céu viva para sempre com os vossos anjos e santos. Por vosso Filho, Jesus Cristo, na unidade do Espírito Santo.

T – Amém.

M – Em sinal de solidariedade com esta família e carinho por este nosso(a) irmão(a) rezemos: Pai nosso...

M – Abençoe-nos o Deus Todo-Poderoso...

Enquanto se coloca o corpo no túmulo, rezar ou cantar um canto conhecido.

Celebração no velório de crianças

L1 – Irmãos, aqui nos reunimos, não só para rezarmos por **N.** que, sabemos, está na felicidade do céu, com os santos e anjos de Deus, mas para rezar e pedir a Deus que console seus pais e familiares, pela dor da separação. É um dever cristão mostrar nossa solidariedade por essa família que sofre.

Ritos iniciais

M – Em nome do Pai e do Filho e do Espírito Santo.
T – Amém.

Liturgia da Palavra

M – Vamos recordar a passagem da Carta de São Paulo, que nos fala do consolo e conforto que Deus dá aos que nele acreditam.

L1 – Leitura da Segunda Carta de São Paulo aos Coríntios (2Cor 1,3-5).

Bendito seja o Deus e Pai de nosso Senhor Jesus Cristo, o Pai das misericórdias e Deus de toda consolação. Ele nos consola em todas as nossas aflições, para que, com a consolação que nós mesmos recebemos de Deus, possamos consolar os que se acham em toda e qualquer aflição. Pois, à medida que os sofrimentos de Cristo crescem para nós, cresce também a nossa consolação por Cristo.

Palavra do Senhor.

T – Graças a Deus.

M – Esta consolação é possível porque cremos na ressurreição. Temos uma fé comum que nos une aqui na terra, e nos conserva unidos também aos irmãos já falecidos. É esta certeza que consola e dá coragem aos pais de **N.**, chamado(a) para a eternidade, com tão pouco tempo de vida.

L2 – Confiando em Deus Pai e Pastor, rezemos o Salmo 23.

T – O Senhor é meu Pastor, nada me pode faltar.

L2 – O Senhor é meu Pastor, de nada eu sinto falta. Ele me conduz por verdes campos, me faz repousar em rios tranquilos. Restaura as minhas forças, leva-me por caminhos seguros, pois ele, o Senhor, é fiel.

T – O Senhor é meu Pastor, nada me pode faltar.

L2 – Mesmo que eu tiver que andar por vale escuro, não terei medo algum, pois tu estás comigo, ao teu lado me sinto seguro.

T – O Senhor é meu Pastor, nada me pode faltar.

L2 – Sim, tua bondade e teu amor me acompanham a cada instante. Voltarei sempre à casa do Senhor, até o fim da minha vida.

T – O Senhor é meu Pastor, nada me pode faltar.

Evangelho

L1 – Cristo sempre mostrou amor e estima pelas crianças. Jesus via nelas a condição indispensável para se entrar no Reino do Céu. Vamos ouvir a passagem do Evangelho de Marcos onde Jesus acolhe as crianças.

M – O Senhor esteja conosco.

T – Ele está no meio de nós.

M – Proclamação do Evangelho de Jesus Cristo segundo Marcos (Mc 10,13-16).

M – Algumas pessoas traziam crianças para que Jesus as tocasse. Os discípulos, porém, as repreenderam. Vendo isso, Jesus se aborreceu e disse: "Deixai as crianças virem a mim. Não as impeçais, porque a pessoas assim é que pertence o Reino de Deus. Em verdade vos digo: quem não receber o Reino de Deus como uma criança, não entrará nele!". E abraçava as crianças e, impondo as mãos sobre elas, as abençoava.

Palavra da Salvação.

Podem ser ditas as palavras abaixo ou outras:

M – Irmãos, estas palavras devem servir de consolo aos pais de **N**. Jesus falou: "Deixai vir a mim as crianças, delas é o Reino dos Céus". Hoje, ele diz: "**N**., venha ao meu encontro". Ele nos quer a todos juntos a si. Alguns vão antes, outros depois.

O tempo de Deus é diferente do nosso tempo. O importante é que cada um esteja preparado, quando chegar a hora do seu chamado. É hora de refletirmos sobre como estamos aproveitando o nosso tempo. Nós temos coração de criança para acolher o Reino?

M – Neste espírito de oração, rezemos o Creio.

T – Creio em Deus Pai Todo-Poderoso....

Oração dos fiéis

M – Apresentemos a Deus nossas preces. Após cada invocação, digamos: "Senhor, abençoai as crianças".

L1 – Para que esta criança seja recebida por Deus e tenha a suprema alegria, rezemos ao Senhor.

T – Senhor, abençoai as crianças.

L2 – Por todas as crianças, pelas que são amadas e desejadas, mas principalmente por aquelas que são abandonadas, e não recebem o amor e o carinho necessários, rezemos ao Senhor.

T – Senhor, abençoai as crianças.

L1 – Pelas crianças que não sabem rezar e não conhecem a Deus, para que encontrem bons catequistas que as orientem na fé, rezemos ao Senhor.

T – Senhor, abençoai as crianças.

L2 – Por todas as crianças aqui presentes, para que amem a Jesus e sejam amadas por seus pais, rezemos ao Senhor.

T – Senhor, abençoai as crianças.

L1 – Para que esta criança falecida seja, no céu, protetora de seus pais e de todas as crianças, rezemos ao Senhor.

T – Senhor, abençoai as crianças.

L2 – Para que Deus console os pais e parentes de N., rezemos ao Senhor.

T – Senhor, abençoai as crianças.

T – Pai nosso...

Oração de encomendação

M – Em nossa oração sentimos que a morte não separa os filhos de Deus. Cremos na comunhão dos santos, isto é, que todos os irmãos que estão na terra ou no céu se encontram juntos no amor e na misericórdia de Deus Pai, na força do Espírito Santo. Sempre que nossa comunidade estiver em oração, permanecem conosco os que nos precederam na fé. Vamos demonstrar nossa fé na ressurreição, acompanhando e partilhando a dor da separação deste(a) filho(a) querido(a) que o Senhor chamou diante dele ainda em tenra idade. Vamos também rezar pelas pessoas queridas que já faleceram.

Oremos.

Faz-se alguns instantes de silêncio.

M – Senhor Jesus Cristo, vós que acolhestes as crianças para as abençoar, nós vos pedimos hoje, recebei junto de vós o (a) nosso(a) irmãozinho (a) **N.** que hoje deixou o nosso convívio. Que ele (a) seja um anjo protetor e concedei a esta família, entristecida com sua partida, a consolação de que ele (a) está junto a vós.

T – Amém.

Enquanto o corpo é aspergido com água benta, reza-se:

L1 – Santos de Deus, vinde em seu auxílio; anjos do Senhor, correi ao seu encontro! Acolhei a sua alma levando-a à presença do Altíssimo.

T – Cristo te chamou. Ele que te receba, e os anjos te acompanhem ao seio de Abraão. Acolhei a sua alma levando-a à presença do Altíssimo.

L1 – Dai-lhe, Senhor, o repouso eterno e brilhe para ele(a) a vossa luz. Acolhei a sua alma levando-a à presença do Altíssimo.

M – Em vossas mãos, Pai de misericórdia, entregamos nosso(a) irmão(ã) **N.** na firme esperança de que ressuscite com Cristo no último dia, e com todos os que no Cristo adormeceram. Escutai, em vossa misericórdia, as nossas preces. Abri as portas do paraíso a todos, e a nós que aqui ficamos concedei que nos consolemos com as palavras da fé, até o dia em que nos encontraremos todos no Cristo, e também com este(a) nosso(a) irmão(ã). Por nosso Senhor Jesus Cristo, na unidade do Espírito Santo. Amém.

M – O Senhor esteja convosco.

T – Ele está no meio de nós.

M – Abençoe-nos o Deus Todo-Poderoso, Pai e Filho e Espírito Santo.

T – Amém.

Meditação

L1 – Maria Santíssima está muito ligada às mães que sofrem. Quando Jesus tinha poucos dias de vida, ela teve que fugir para salvá-lo das mãos de Herodes, e viu a dor de muitas mães que choravam a morte de seus filhos cruelmente martirizados. Mais tarde, com 12 anos, Jesus ficou perdido em Jerusalém, por três dias. Imaginemos a angústia e a dor de Maria. Vamos pedir a ela que proteja esta família que sofre a dor da separação desta criança, rezando uma dezena do terço, meditando nessa dor de Maria.

1 Pai-Nosso, 10 Ave-Marias, 1 Glória-ao-Pai.

L2 – Rezemos mais uma dezena do terço, pedindo a Nossa Senhora Consoladora dos Aflitos que proteja e conforte esta família, que sofre com esta ausência.

1 Pai-Nosso, 10 Ave-Marias, 1 Glória-ao-Pai.

L2 – Na certeza de que esta criança está junto a Deus, com Maria Santíssima e com os santos, e na esperança de um dia estarmos juntos no céu, cantemos.

"Com minha Mãe estarei", ou outro.

No cemitério – crianças

M – Acreditamos na vida futura e na ressurreição dos mortos, por isto entregamos o corpo de nosso irmão(ã) à terra da qual saímos. Este túmulo nos lembra que um dia ele(a) viveu entre nós e que agora está junto a Deus, onde esperamos nos encontrar na eternidade.

Oremos.

Ó Deus de misericórdia, que concedeis o repouso aos vossos fiéis, abençoai este túmulo e mandai um anjo para guardá-lo. Acolhei com bondade a alma de nosso(a) irmão(ã) **N.**, cujo corpo aqui sepultamos, para que se alegre sempre convosco na companhia dos vossos Santos. Por nosso Senhor Jesus Cristo, vosso Filho, na unidade do Espírito Santo.

T – Amém!

O ministro asperge o túmulo com água benta. Enquanto se coloca a urna mortuária, rezar ou cantar cantos conhecidos.

M – Oremos.

Ó Deus de amor e de misericórdia, quereis que toda criatura humana seja feliz e tenha a vida eterna. **N.**, que os anjos te conduzam ao paraíso e que os santos te recebam com a alegria e te façam permanecer junto a Deus. Senhor, nós confiamos à vossa bondade e à vossa misericórdia este(a) nosso(a) irmão(ã). Fazei que ele(a) seja feliz junto com os vossos santos.

M – Irmãos, unidos na caridade, rezemos por esta criança e também por seus pais e parentes. Após cada invocação, digamos: "Senhor, escutai a nossa prece".

L – Por toda a Igreja de Deus, para que seja construtora de vida e de justiça, rezemos ao Senhor.

L – Por nosso(a) querido(a) **N.**, que deixou a presente vida, para que seja feliz na alegria dos Santos, rezemos ao Senhor.

L – Pelos pais e familiares de **N.**, para que Deus os conforte com a certeza da vida e felicidade que **N.** já está gozando no céu, rezemos ao Senhor.

L – Por todos os que sofrem com esta ausência, para que sejam consolados em sua tristeza, fazendo o bem a outras crianças, rezemos ao Senhor.

L – Por nós que nos reunimos na mesma fé e solidariedade, para que estejamos atentos às necessidades dos irmãos, rezemos ao Senhor.

L – Por nossos parentes e amigos falecidos, para que intercedam a Deus por nós, para que sempre façamos o bem ao próximo, rezemos ao Senhor.

M – Oremos.

Ó Deus, que conheceis a nossa pobreza e nossas necessidades, fazei que, confortados pela caridade e pela fé de toda a Igreja, vençamos as dificuldades da vida presente e possamos estar um dia unidos a todos os nossos entes queridos, para eternamente vos louvarmos. Isto vos pedimos, por Jesus Cristo, vosso Filho, na unidade do Espírito Santo.

T – Amém.

Celebrações para os sete dias após a morte

Orientações gerais

A Igreja sempre acolhe seus filhos; em todas as circunstâncias, os reúne com a mesma esperança e afeto. Após o sepultamento do nosso ente querido, a Igreja continua acompanhando o sofrimento de quem ficou na saudade da separação. Durante sete dias, a comunidade se reúne com amigos e vizinhos para rezar com a família enlutada. No sétimo dia, acompanha os familiares na missa da Paróquia ou comunidade.

Tais visitas devem ser combinadas previamente, tomando o cuidado de marcar a hora mais apropriada e de não deixar a família constrangida, pois sempre nessas ocasiões se tem assuntos pendentes a resolver.

Ao chegar na casa, o ministro cumprimentará as pessoas, para trazer sempre uma palavra de consolo, mostrando solidariedade com a dor da família. Nunca dizer que "foi Deus que quis assim, você tem que aceitar" ou algo parecido. Muitas vezes, ficar calado é a melhor forma de consolo e respeito pela dor do próximo – Deus é Pai. A morte faz parte da nossa natureza humana.

Preparar sete velas e a cada dia acender uma.

Primeiro dia

D – Irmãos, é costume celebrar missa de sétimo dia. Sete significa perfeição, plenitude. Vamos nos reunir durante esses dias para rezarmos por esse(a) nosso(a) irmão(ã) que foi chamado(a) por Deus, para morar eternamente na casa do Pai. É nosso dever de cristãos rezar por esta família que sofre a dor desta separação. A morte não é o fim. Termina a caminhada terrena, abrem-se as portas da eternidade. Chorar a partida de um ente querido é normal, é um gesto humano. Jesus chorou quando seu amigo Lázaro partiu. O choro de um cristão é de quem sofre, mas tem fé, conhece e acredita na promessa de Jesus: "Todo aquele que o Pai me dá, virá a mim, e quem vem a mim eu não lançarei fora" (Jo 6,37).

L – Hoje, vamos acender a primeira vela.

Acende-se uma vela colocada em lugar de destaque.

L – A chama de fogo que tremula recorda a luz da fé que recebemos cm nosso Batismo para iluminar

Celebrações para os sete dias após a morte 71

o caminho de nossa vida até a casa do Pai. Quando fomos batizados nascemos para a grande família de Deus.

D – Em nome do Pai e do Filho e do Espírito Santo.

T – Amém.

D – Que a graça, a paz e a consolação de Jesus estejam convosco.

T – Bendito seja Deus que nos reuniu no amor de Cristo.

D – Elevemos a Deus nossos pedidos por nosso(a) irmão(ã) que nos deixou e rezemos por seus familiares. A nossa resposta será: "Iluminai-nos, Senhor".

T – Iluminai-nos, Senhor.

D – Para que nossas atitudes sejam sinais da presença de Deus no mundo.

D – Para que nosso(a) irmão(ã) esteja na luz eterna, que é Deus.

D – Por esta família que sofre a dor da separação, para que nunca perca a fé na misericórdia Divina.

D – Para que sejamos luz para nossos irmãos e consolo na aflição.

Outras preces espontâneas.

D – Jesus é o Pão da Vida eterna. Aclamando a Palavra de Deus, cantemos:

Canto de aclamação.

D – Proclamação do Evangelho de Jesus Cristo, segundo João (Jo 6,35-39).
T – Glória a vós, Senhor.
L – Jesus lhes disse: "Eu sou o pão da vida. Quem vem a mim não terá mais fome, e quem crê em mim nunca mais terá sede. Contudo, eu vos disse que me vistes, mas não credes. Todo aquele que o Pai me dá, virá a mim, e quem vem a mim eu não lançarei fora, porque eu desci do céu não para fazer a minha vontade, mas a vontade daquele que me enviou. E esta é a vontade daquele que me enviou: que eu não perca nenhum daqueles que ele me deu, mas os ressuscite no último dia".
Palavra da Salvação.
T – Glória a vós, Senhor.

Reflexão

Em seguida, rezar o Salmo 100, que se encontra ao final.

Primeira dor

D – Vamos nestes sete dias meditar sobre as dores de Maria. Ela aceitou o projeto de Deus para a humanidade, pois com o seu sim foi possível a nossa salvação, embora isso lhe tenha causado grandes dores e muito sofrimento.

Recordamos Maria com o Menino Jesus em seus braços, ao apresentá-lo no templo. O velho Simeão profetizou a Paixão e Morte de Jesus dizendo: "Este menino será a causa de queda e de reerguimento para muitos em Israel. Ele será um sinal de contradição. E a ti, uma espada traspassará a tua alma!" (Lc 2,34-35). Maria guardou essa profecia em seu coração.

D – Como família, rezemos de mãos dadas a oração que Jesus nos ensinou: Pai nosso...

Rezar 7 Ave-Marias e 1 Glória-ao-Pai.

D – Que desça sobre nós o conforto, a paz, em forma de bênção do Deus que é Pai, Filho e Espírito Santo.

T – Amém.

D – Fiquemos em paz e que a luz do Senhor nos ilumine.

T – Amém.

Segundo dia

D – E a fé na vida eterna que nos reúne para, juntos, rezarmos pela alma de nosso(a) irmão(ã) **N.**, que foi chamado(a) para a morada eterna.

D – Vamos acender a segunda vela. Hoje, ela nos recorda a confiança que devemos ter na promessa da vida eterna. Diz-nos Jesus: "Na casa de meu Pai há muitas moradas" (Jo 14,2).

D – Em nome do Pai e do Filho e do Espírito Santo.

T – Amém.

D – Que a graça e a paz de Jesus Cristo estejam em nossos corações.

T – Bendito seja Deus que nos reuniu no amor de Cristo.

D – Elevemos nosso pedido de perdão, dizendo: "Perdoai-nos, Senhor".

T – Perdoai-nos, Senhor.

D – Pelas vezes que não buscamos conhecer a tua Palavra.

D – Por duvidarmos do teu Amor.

D – Quando desprezamos o sacramento da Reconciliação.

D – Pelas vezes que nos afastamos do irmão necessitado.

D – Pelo descaso com a dor dos irmãos.

D – Oremos.

Senhor, nós vos pedimos que cresça em nós maior amor pelo irmão que sofre com a indiferença. Muitas vezes, ele espera de nós um abraço, uma palavra e o conforto da amizade. Dai-nos, Senhor, um coração mais generoso e atento às necessidades dos irmãos. Por Cristo, Senhor nosso.

T – Amém.

Canto de aclamação

D – Proclamação do Evangelho de Jesus Cristo, segundo João (Jo 14,1-4).

T – Glória a vós, Senhor.

L – Não se perturbe o vosso coração! Credes em Deus, crede também em mim. Na casa de meu Pai há muitas moradas. Não fosse assim, eu vos teria dito. Vou preparar um lugar para vós. E depois que eu tiver ido e preparado um lugar para vós, voltarei e vos levarei comigo, a fim de que, onde eu estiver, estejais vós também. E para onde eu vou, conheceis o caminho.

Palavra da Salvação.

T – Glória a vós, Senhor.

Reflexão

Em seguida, rezar o Salmo 23, que se encontra ao final.

Segunda dor

D – José e Maria fugiram para o Egito, para escapar da fúria de Herodes que queria matar o menino. Quantas pessoas fogem de suas terras porque são perseguidas. Rezemos, meditando nesta dor de Maria e destes migrantes; vamos nos lembrar de suas famílias muitas vezes desfeitas pela falta de amor, de união e de diálogo.

D – Como família, rezemos de mãos dadas a oração que Jesus nos ensinou: Pai nosso...

Rezar 7 Ave-Marias e 1 Glória-ao-Pai.

D – Deus é bondade e misericórdia. Renovemos a nossa fé rezando o Creio.

T – Creio em Deus Pai Todo-Poderoso...

D – Maria é nossa Mãe, ela sabe de nossas dores e do que precisamos; coloquemos nossa vida nas mãos dessa Mãe querida.

T – À vossa proteção recorremos, santa Mãe de Deus. Não desprezeis as nossas súplicas em nossas necessidades, mas livrai-nos de todos os perigos, ó Virgem gloriosa e bendita.

D – Nossa Senhora Aparecida.

T – Rogai por nós.

D – Que a bênção de Deus por intercessão de Maria, nossa Mãe, desça sobre nós e nos dê o consolo e o alívio de nossas dores. Isso vos pedimos, ó Pai, por vosso Filho, Jesus Cristo, na unidade do Espírito Santo.

T – Amém.

Terceiro dia

D – Irmãos, mais uma vez nos reunimos para rezar por nosso(a) irmão(ã), que Deus chamou para junto de si. Rezemos por esta família entristecida com esta ausência. Somos família e é como família que nos reunimos. Em nome do Pai e do Filho e do Espírito Santo.

T – Amém.

D – Neste dia, acendemos a terceira vela, simbolizando nossa fé, que nos leva a acreditar numa vida nova, após passarmos pela terra. Fé que nos dá o conforto, a certeza de uma vida eterna junto a Deus. Fé que ajuda e ameniza a nossa dor da saudade.

Canto de Aclamação

É como a chuva que lava. É como o fogo que arrasa. Tua Palavra é assim, não passa por mim sem deixar um sinal.

D – Proclamação do Evangelho de Jesus Cristo, segundo João (Jo 11,17-27).

L – Quando Jesus chegou, encontrou Lázaro já sepultado, havia quatro dias. Betânia ficava a uns três quilômetros de Jerusalém. Muitos judeus tinham ido consolar Marta e Maria pela morte do irmão. Logo que Marta soube que Jesus tinha chegado, foi ao encontro dele. Maria ficou sentada, em casa. Marta, então, disse a Jesus: "Senhor, se tivesses estado aqui, meu irmão não teria morrido. Mesmo assim, eu sei que o que pedires a Deus ele te concederá". Jesus respondeu: "Teu irmão ressuscitará". Marta disse: "Eu sei que ele vai ressuscitar, na ressurreição do último dia". Jesus disse então: "Eu sou a ressurreição e a vida. Quem crê em mim, ainda que tenha morrido, viverá. E todo aquele que vive e crê em mim, não morrerá jamais. Crês nisto?". Ela respondeu: "Sim, Senhor, eu creio firmemente que tu és o Cristo, o Filho de Deus, aquele que deve vir ao mundo".

Palavra da Salvação.

T – Glória a vós, Senhor.

É importante refletir sobre a fé na vida futura, incentivar as pessoas a falarem, ou deixar espaço de silêncio.

D – Elevemos a Deus nossas preces e, após cada invocação, rezemos: "Senhor, ouvi nosso pedido".

L Pelas famílias que têm seus filhos perdidos, muitas vezes no caminho da droga, Senhor, vos pedimos que eles retornem para elas. Rezemos.

L – Para que a dor e a saudade não nos separem da presença de Deus. Rezemos.

L – Por esta família que sofre a perda deste ente querido, para que, acreditando na Palavra de Jesus, sinta conforto e confiança. Rezemos.

L – Para que possamos ser sinal de esperança para quem sofre. Rezemos.

L – Por todos nós aqui presentes, para que sempre mais acreditemos na vida futura. Rezemos.

Em seguida, rezar o Salmo 62, que se encontra ao final.

Terceira dor

D – Maria foi uma mulher de fé. Acreditou na palavra do anjo e o projeto de Deus se tornou possível. Em Lc 1,45 lemos: "Feliz aquela que acreditou, pois o que lhe foi dito da parte do Senhor será cumprido!". Mesmo na dor, Maria sempre acreditou e confiou. Rezemos, meditando na terceira dor: "Maria perde seu filho no Templo em Jerusalém, o encontra após três dias de angústia". Lembremos as mães que têm filhos desaparecidos.

D – Como família, rezemos de mãos dadas a oração que Jesus nos ensinou: Pai nosso...

Rezar 7 Ave-Marias e 1 Glória-ao-Pai.

D – Terminamos o nosso encontro de oração, pedindo a Deus que acolha **N.** e abençoe esta família para que ela seja reconfortada pela fé na ressurreição de Jesus. Pedimos à Mãe de Jesus, à Senhora Aparecida, para que nos cubra a todos com seu manto protetor.

Canto à escolha.

D – Desça sobre cada um de nós, por intercessão de Maria, nossa Mãe, a bênção de Deus que é Pai, Filho e Espírito Santo.
T – Amém.

Quarto dia

D Coloquemo-nos na presença da Santíssima Trindade. Em nome do Pai e do Filho e do Espírito Santo.

T – Amém.

D – A vela que hoje acendemos quer fazer brilhar a união entre nós.

Acendem-se as quatro velas colocadas em lugar de destaque.

D – A Santíssima Trindade: Pai e Filho e Espírito Santo é o modelo da união mais perfeita. Três pessoas em um só Deus, realizando tudo em todos e para todos. O brilho de uma vela é solitário e frágil. Muitas velas juntas produzem uma luminosidade forte. A vela se consome, iluminando não a si mesma, mas aos outros. Sejamos como velas, doando-nos, com mansidão e iluminando os caminhos. Unidos somos mais fortes, o nosso brilho será maior e venceremos as dificuldades.

D – Elevemos a Deus nossas preces e peçamos mais união entre as pessoas, dizendo: "Perdoai nossa falta de união".

L – Pelas famílias que não vivem em paz. Rezemos.

L – Pelos casais que não vivem a verdadeira união de alma e de corpo. Rezemos.

L – Pela falta de solidariedade entre as famílias, principalmente com as que vivem isoladas do convívio comunitário. Rezemos.

L – Por nós, pelas vezes que não fomos ao encontro do irmão excluído. Rezemos.

D – Jesus age em união com o Espírito Santo com a finalidade de fazer a vontade do Pai, isto é, salvar a humanidade da maldade do pecado. Aqueles que são chamados por Jesus participam de sua missão de salvar o mundo e ir para junto do Pai.

Vamos ouvir o que o Evangelho de João nos fala a esse respeito.

Canto de Aclamação.

Eu vim para escutar... Tua palavra, tua palavra, tua palavra de amor.

Eu quero entender melhor... Tua palavra, tua palavra, tua palavra de amor.

D – Proclamação do Evangelho de Jesus Cristo, segundo João (Jo 6,44-47).

T – Glória a vós, Senhor.

L – Ninguém pode vir a mim, se o Pai que me enviou não o atrair. E eu o ressuscitarei no último dia. Está escrito nos Profetas: "Todos serão discípulos de Deus". Ora, todo aquele que escutou o ensinamento do Pai e o aprendeu vem a mim. Ninguém jamais viu o Pai, a não ser aquele que vem de junto de Deus: este viu o Pai. Em verdade, em verdade, vos digo: quem crê, tem a vida eterna.

Palavra da Salvação.

T – Glória a vós, Senhor.

Reflexão. Que significa seguir Jesus? Para onde ele nos leva? Por que é difícil, hoje em dia, falar do Pai e da vida eterna? Por que tudo só tem sentido agora?

Em seguida, rezar algum dos Salmos que se encontram ao final.

Quarta dor

D – Neste quarto dia de encontro, lembramos o encontro de Maria com o seu Filho Jesus com a cruz às costas no caminho do Calvário.

D – Como família, rezemos de mãos dadas a oração que Jesus nos ensinou: Pai nosso...

Rezar 7 Ave-Marias e 1 Glória-ao-Pai.

T – Lembrai-vos, ó piíssima Virgem Maria, que nunca se ouviu dizer que algum daqueles que recorreram à vossa proteção, imploraram a vossa assistência e reclamaram o vosso socorro fosse por vós desamparado. Animado eu, pois, com igual confiança, a vós, Virgem, entre todas singular, como à minha Mãe recorro; de vós me valho e, gemendo sob o peso de meus pecados, me prostro aos vossos pés. Não rejeiteis as minhas súplicas, ó Mãe do Filho de Deus humanado, mas dignai-vos de as ouvir e de me alcançar o que vos rogo. Amém.

D – Que a bênção de Deus desça sobre nós em forma de união e solidariedade, isso vos pedimos ó

Pai, a vós que viveis e reinais com o Filho, na unidade do Espírito Santo.

T – Amém.

D – Vamos em paz e que o Senhor nos acompanhe.

T – Graças a Deus.

Quinto dia

D – Irmãos, neste nosso encontro vamos celebrar a ressurreição. A nossa vela vai nos lembrar a vida nova, a ressurreição.

Acendem-se as cinco velas colocadas em lugar de destaque.

D – Nós que cremos na ressurreição, iniciemos o nosso encontro, com o sinal que nos identifica como cristãos.
T – Em nome do Pai e do Filho e do Espírito Santo. Amém.
D – Irmãos, realmente acreditamos na ressurreição?

Instante de silêncio.

D – Peçamos perdão pelas vezes em que nos apegamos em demasia aos bens materiais, esquecendo-nos de ajudar os irmãos, muitas vezes nos afastando nas horas de dificuldades.
D – Senhor, tende piedade de nós.
T – Senhor, tende piedade de nós.

D – Pelas vezes que não valorizamos a vida, ou não acreditamos na vida eterna. Cristo, tende piedade de nós.

T – Cristo, tende piedade de nós.

D – Pelas vezes em que o desânimo, o desespero, tomou conta de nossas vidas, impedindo-nos de fazer o bem. Senhor, tende piedade de nós.

T – Senhor, tende piedade de nós.

D – Ó Deus, que ressuscitastes o vosso Filho, fazei que sempre mais acreditemos que um dia também nós ressuscitaremos convosco e que isso nos dê consolo e forças para superar estes momentos de dor que estamos passando pela ausência de nosso(a) irmão(ã) **N.** Isto vos pedimos, ó Pai, por Jesus Cristo, vosso Filho e nosso irmão, na unidade do Espírito Santo.

T – Amém.

D – Vamos ouvir a Palavra de Deus. São Paulo nos fala de vida nova, da ressurreição que Cristo nos trouxe.

L – Leitura da Primeira Carta de São Paulo aos Coríntios (1Cor 15,12-19).

Ora, se se prega que Cristo ressuscitou dentre os mortos, como podem alguns dentre vós dizer que não há ressurreição dos mortos? Se não há ressurreição dos mortos, então Cristo não ressuscitou. E se Cristo não ressuscitou, a nossa pregação é sem fundamento, e sem fundamento também é a vossa fé. Se os mortos não ressuscitam, estaríamos testemunhando contra Deus que ele ressuscitou Cristo enquanto, de fato, ele não o teria ressuscitado. Pois, se os mortos não ressuscitam, então Cristo também não ressuscitou. E se Cristo não ressuscitou, a vossa fé não tem nenhum valor e ainda estais nos vossos pecados. Então, também pereceram os que morreram em Cristo. Se é só para esta vida que pusemos a nossa esperança em Cristo, somos, dentre todos os homens, os mais dignos de compaixão.

Palavra do Senhor.

T – Graças a Deus.

Reflexão

D – Professemos a nossa fé dizendo que cremos no Deus da vida, no Deus que vence a morte.

T – Creio em Deus Pai Todo-Poderoso...

Rezar algum Salmo dos que se encontram ao final.

Quinta dor

D – Jesus morre e Maria, sua Mãe, participa de toda a agonia de seu Divino Filho. Antes de morrer Jesus entrega sua Mãe como a nova Eva, a mãe de todos os viventes. "Junto à cruz de Jesus estavam de pé sua mãe e a irmã de sua mãe, Maria de Cléofas, e Maria Madalena. Jesus, ao ver sua mãe e, ao lado dela, o discípulo que ele amava, disse à mãe: 'Mulher, eis o teu filho!'. Depois disse ao discípulo: 'Eis a tua mãe!'. A partir daquela hora, o discípulo a acolheu no que era seu" (Jo 19,25-27).

D – Como família, rezemos de mãos dadas a oração que Jesus nos ensinou: Pai nosso...

Rezar 7 Ave-Marias e 1 Glória-ao-Pai.

Canto: "Segura na mão de Deus".

D – Desça sobre todos nós, especialmente sobre esta família enlutada, a bênção de Deus, ele que é Pai, Filho e Espírito Santo.

T – Amém.

Sexto dia

D – Em nome do Pai e do Filho e do Espírito Santo.

T – Amém.

D – A vela acesa hoje nos leva a meditar sobre a misericórdia. Jesus é fonte de misericórdia.

Acendem-se as seis velas colocadas em lugar de destaque.

D – Reconheçamos que somos pecadores. (Pausa silenciosa.) Confessemos os nossos pecados.

T – Confesso a Deus Todo-Poderoso...

D – Senhor, tende piedade de nós.

T – Senhor, tende piedade de nós.

D – Cristo, tende piedade de nós.

T – Cristo, tende piedade de nós.

D – Senhor, tende piedade de nós.

T – Senhor tende piedade de nós.

D – Oremos.

Ó Deus de amor e de bondade, reconhecemos que somos pecadores e pedimos que, em vossa infinita misericórdia, sejamos perdoados.

T – Amém.

D – A Sabedoria de Deus mostra este mundo como lugar de aperfeiçoamento do justo e sua partida deste mundo constitui o grande passo para a eternidade. Deus o considerou maduro para esta nova etapa de vida. É o prêmio dos eleitos que os justos herdarão.

L – Leitura do livro da Sabedoria (Sb 3,1-4.5b-6.9a.4,7-8.10-11.13-15a).

As almas dos justos, porém, estão nas mãos de Deus, e nenhum tormento os atingirá. Aos olhos dos insensatos parecem ter morrido; sua saída deste mundo foi considerada uma desgraça, e sua partida do meio de nós, uma destruição, mas eles estão na paz. Aos olhos humanos parecem ter sido castigados, mas a sua esperança é cheia de imortalidade.

Deus os pôs à prova e os achou dignos de si. Provou-os como se prova o ouro na fornalha e aceitou-os como ofertas de holocausto. Os que nele confiam compreenderão a verdade, e os que perseveram no amor descansarão junto a ele. O justo, porém, ainda que morra prematuramente, encontrará descanso. A velhice venerável não é a de uma longa duração, e nem se mede pelo número de anos. Agradando a Deus, o justo é amado por ele; vivendo entre pecadores, Deus o transferiu para outro lugar. Foi arrebatado para que a malícia não lhe pervertesse a inteligência, nem o engano seduzisse sua alma. Tendo alcançado em pouco tempo a perfeição, completou uma longa carreira: sua alma era agradável ao Senhor, que por isso apressou-se em tirá-lo do meio da maldade. As pessoas veem isso e não compreendem, e não refletem, em seu coração, que a graça e a misericórdia são para os eleitos do Senhor.

Palavra do Senhor.

T – Graças a Deus.

Partilha da Palavra ou instantes de silêncio.

D – Rezemos a Deus Pai Todo-Poderoso, que ressuscitou Jesus Cristo dentre os mortos, que dará vida a nossos corpos mortais, dizendo: "Ó Senhor da vida, atendei-nos".

T – Ó Senhor da vida, atendei-nos.

D – Senhor, nosso Deus, pelo Batismo fomos sepultados com Jesus e ressuscitados com ele: fazei-nos andar numa vida nova.

D – Dai-nos o Pão Vivo que desceu do céu, para que tenhamos vida eterna e ressuscitemos no último dia.

D – Ao término de nossa caminhada sobre esta terra, concedei-nos a esperança de vos contemplar na glória.

D – Enviastes um anjo para confortar vosso Filho em sua agonia; que vossa Mãe esteja ao nosso lado na hora de nossa morte.

D – Deus dos vivos e dos mortos, vós que ressuscitastes Jesus, ressuscitai nossos mortos e levai-nos com eles para juntos vos louvarmos.

Em seguida, rezar o Salmo 31, que se encontra ao final.

Sexta dor

D – Maria recebe em seus braços o seu Filho morto.

Sequência

L1 – De pé a Mãe dolorosa, junto da cruz, lacrimosa, via Jesus que pendia. No coração traspassado sentia a espada de uma cruel profecia.

L2 – Mãe entre todas bendita, do filho único aflita, a imensa dor assistia. E, suspirando, chorava, e da cruz não se afastava, ao ver que o filho morria. Pobre mãe tão desolada, ao vê-la assim traspassada, quem de dor não choraria?

L1 – Quem na terra há que resista, se a mãe assim se contrista ante uma tal agonia? Pra salvar sua gente, eis que seu Filho inocente suor e sangue vertia.

L2 – Na cruz por seu Pai chamando, vai a cabeça inclinando, enquanto escurece o dia. Faze, ó Mãe, fonte de amor, que eu sinta em mim tua dor, para contigo chorar. Faze arder meu coração, partilhar tua paixão e teu Jesus consolar.

L2 – Quem na terra há que resista, se a mãe assim se contrista ante uma tal agonia?

D – Como família, rezemos de mãos dadas a oração que Jesus nos ensinou: Pai nosso...

Rezar 7 Ave-Marias e 1 Glória-ao-Pai.

D – Saudemos Maria como nossa Mãe e Rainha, rezando juntos.

T – Salve, Rainha...

D – Rogai por nós Santa Mãe de Deus.

T – Para que sejamos dignos das promessas de Cristo.

D – Ato de Arrependimento.

T – Ó meu Jesus, perdoai-nos, livrai-nos do fogo do inferno, e levai as almas todas para o céu e socorrei as que mais precisarem de vossa misericórdia.

D – Desça sobre nós em forma de perdão e misericórdia as bênçãos de Deus que é Pai, Filho e Espírito Santo. Amém.

Sétimo dia

D – Estamos reunidos: Em nome do Pai e do Filho e do Espírito Santo.

T – Amém.

D – A vela acesa faz brilhar a esperança em nosso meio. Cremos numa vida nova. Esperamos um dia nos encontrarmos todos juntos na casa do Pai. Essa certeza nos consola e alivia nossa saudade.

D – Renovemos o nosso compromisso do Batismo.

T – Creio em Deus Pai Todo-Poderoso...

D – Leitura da Carta de São Paulo aos Romanos (Rm 8,18-19.24a.31b.35.37-39).

Eu penso que os sofrimentos do tempo presente não têm proporção com a glória que há de ser revelada em nós. Toda a criação espera ansiosamente pela revelação dos filhos de Deus.

Pois é na esperança que fomos salvos. Se Deus é por nós quem será contra nós? Quem nos separará do amor de Cristo? Tribulação, angústia, perseguição, fome, nudez, perigo, espada? Mas, em tudo isso, somos mais que vencedores, graças àquele

que nos amou. Tenho certeza de que nem a morte, nem a vida, nem os anjos, nem os principados, nem o presente, nem o futuro, nem as potências, nem a altura, nem a profundeza, nem outra criatura qualquer será capaz de nos separar do amor de Deus, que está no Cristo Jesus, nosso Senhor.
Palavra do Senhor.

T – Graças a Deus.

Partilha da Palavra ou instantes de silêncio.

D – Elevemos a Deus nossos pedidos.

T – Senhor, dai-nos alívio na dor e na angústia.

D – A esta família, entristecida pela perda deste ente querido.

T – Senhor, dai-nos alívio na dor e na angústia.

D – Às pessoas excluídas da sociedade e que vivem em depressão.

T – Senhor, dai-nos alívio na dor e na angústia.

D – Às pessoas enfermas, muitas abandonadas por suas famílias.

T – Senhor, dai-nos alívio na dor e na angústia.

D – Às nossas depressões, desânimos, aflições, frustrações.
T – Senhor, dai-nos alívio na dor e na angústia.
D – À falta de esperança na vida futura.
T – Senhor, dai-nos alívio na dor e na angústia.
D – Oremos.

Senhor Jesus que dissestes: "Tende confiança, eu venci o mundo", dai a nós, incrédulos, compreender que é neste mundo que preparamos a vida eterna. Pedimos, Senhor, mais fé na vida que brota após a morte. Que todos possamos exclamar como Jó: "Creio que meu redentor vive e que no último dia ressurgirei da terra, e serei novamente revestido da minha pele e na minha própria carne verei a Deus". Que esta esperança esteja presente em nossos corações.

Sétima dor

D – Neste nosso último encontro de oração vamos meditar sobre a sétima dor de Maria, em que nós contemplamos "Maria acompanhando o seu Filho até a sepultura". Maria suportou tudo em silêncio. Tinha no coração a firme esperança da Ressurreição. Quantas famílias sofrem com a morte de entes queridos, vítimas da violência, do desamor.

Sequência

L1 – Ó santa Mãe, por favor, faze que as chagas do amor em mim se venham gravar. O que Jesus padeceu venha a sofrer também eu, causa de tanto penar.

L2 – Ó, dá-me, enquanto viver, com Jesus Cristo sofrer, contigo sempre chorar! Quero ficar junto à cruz, velar contigo a Jesus, e o teu pranto enxugar.

L1 – Virgem Mãe tão santa e pura, vendo eu a tua amargura, possa contigo chorar. Que do Cristo eu traga a morte, sua paixão me conforte, sua cruz possa abraçar!

L2 – Em sangue as chagas me lavem e no meu peito se gravem, para não mais se apagar. No julgamento consegue que às chamas não seja entregue quem soube em ti se abrigar.

L1 – Que a santa cruz me proteja, que eu vença a dura peleja, possa do mal triunfar! Vindo, ó Jesus, minha hora, por essas dores de agora, no céu me reça um lugar.

D – Como família, rezemos de mãos dadas a oração que Jesus nos ensinou. Pai nosso...

Rezar 7 Ave-Marias e 1 Glória-ao-Pai.

D – Oremos.

Ó Deus, escutai com bondade as nossas preces e aumentai a nossa fé no Cristo ressuscitado, para que seja mais viva a nossa esperança na ressurreição dos vossos filhos. Amém.

Rosário

Em velórios, rezar preferencialmente os mistérios gloriosos.

Após cada mistério reza-se: 1 Pai-Nosso, 10 Ave-Marias, Glória e a oração: "Ó meu Jesus, perdoai-nos, livrai-nos do fogo do inferno. Levai as almas todas para o céu e socorrei principalmente as que mais precisarem da vossa misericórdia".

Oferecimento

Divino Jesus, a vós oferecemos este terço que vamos rezar, contemplando os mistérios de nossa redenção. Pela intercessão de Maria, vossa Mãe Santíssima, a quem nos dirigimos, concedei-nos as virtudes para bem rezá-lo e a graça de ganharmos as indulgências desta santa devoção.

– Em nome do Pai...

– Creio, 1 Pai-Nosso, 3 Ave-Marias, 1 Glória-
-ao-Pai.

Mistérios da alegria (segunda-feira e sábado)

Primeiro mistério, contemplamos o anúncio do Anjo Gabriel a Maria de que ela será a mãe de Jesus (Lc 1,26-38).

Segundo mistério, contemplamos a visita de Maria à sua prima Isabel, com quem permanecerá três meses (Lc 1,39-56).

Terceiro mistério, contemplamos o nascimento de Jesus na pobre gruta de Belém (Lc 2,1-20).

Quarto mistério, contemplamos a apresentação de Jesus no Templo onde estava o velho Simeão (Lc 2,22-40).

Quinto mistério, contemplamos o encontro de Jesus no Templo. Ali permaneceu três dias, sem que seus pais o soubessem, em companhia dos doutores da lei, discutindo com eles as coisas do Pai (Lc 2,41-52).

Mistérios luminosos (quinta-feira)

Primeiro mistério: Jesus é batizado no rio Jordão e o Espírito Santo repousa sobre ele (Mt 3,13-17).

Segundo mistério: atendendo ao pedido de sua Mãe, Jesus transforma a água em vinho, nas bodas de Caná (Jo 2,1-12).

Terceiro mistério: Jesus inicia a sua vida pública, anuncia o Reino de Deus e faz o apelo à conversão (Mc 1,14-15).

Quarto mistério: Jesus revela sua divindade ao se transfigurar diante de Pedro, Tiago e João no monte Tabor (Lc 9,28-36).

Quinto mistério: Jesus institui a Eucaristia, faz-se alimento de amor para vida do mundo (Mt 26,17-29).

Mistérios dolorosos (terça-feira e sexta-feira)

Primeiro mistério: Jesus reza, sofre e entra em agonia no Horto das Oliveiras (Mt 26,36-46).

Segundo mistério: Jesus é amarrado, açoitado e cruelmente flagelado na casa de Pilatos (Mc 15,16-20).

Terceiro mistério: Jesus sofre em silêncio, é humilhado e coroado de espinhos (Mt 27,27-31).

Quarto mistério: Jesus é condenado à morte e carrega a cruz a caminho do Calvário (Lc 23,20-32).

Quinto mistério: Jesus é crucificado e morre após três horas de intensa agonia (Lc 23,33-47).

Mistérios gloriosos (quarta-feira e domingo)

Primeiro mistério: ressurreição de Cristo, após três dias no sepulcro, Jesus vence a morte e ressuscita glorioso (Mc 16,1-8).

Segundo mistério: ascensão de Jesus ao céu, após quarenta dias de sua ressurreição (At 1,4-11).

Terceiro mistério: vinda do Espírito Santo. Jesus prometeu e enviou o Espírito Santo sobre Maria e os Apóstolos, reunidos no Cenáculo (At 2,1-13).

Quarto mistério: assunção de Maria ao céu, em corpo e alma (1Cor 15,20-23.53-55).

Quinto mistério: coroação de Maria, como Rainha do céu e da terra. Foi-nos dada como nossa intercessora junto a seu Filho Jesus (Ap 12,1-6).

Agradecimento

T – Graças vos damos, soberana Rainha, pelos benefícios que todos os dias recebemos de vossas mãos liberais. Dignai-vos agora e para sempre tomar-nos debaixo de vosso poderoso amparo, e para mais vos louvar, vos saudamos com a Salve Rainha.

Salmos

Salmo 23 (Salmo de confiança)

T – O Senhor é o meu pastor, nada me falta.

D – O Senhor é meu pastor, nada me falta. Ele me faz descansar em verdes prados, a águas tranquilas me conduz. Restaura minhas forças, guia-me pelo caminho certo, por amor do seu nome.

T – O Senhor é o meu pastor, nada me falta.

D – Se eu tiver de andar por vale escuro, não temerei mal nenhum, pois comigo estás. O teu bastão e teu cajado me dão segurança.

T – O Senhor é o meu pastor, nada me falta.

D – Diante de mim preparas uma mesa aos olhos de meus inimigos; unges com óleo minha cabeça, meu cálice transborda.

T – O Senhor é o meu pastor, nada me falta.

D – Felicidade e graça vão me acompanhar todos os dias da minha vida e vou morar na casa do Senhor por muitíssimos anos.

T – O Senhor é o meu pastor, nada me falta.

Salmo 27 (Salmo de esperança)

T – O Senhor é minha luz e minha salvação; de quem terei medo?

D – O Senhor é minha luz e salvação; de quem terei medo? O Senhor é quem defende a minha vida; a quem temerei?

T – O Senhor é minha luz e minha salvação; de quem terei medo?

D – Se contra mim acampa um exército, meu coração não teme; se contra mim ferve o combate, mesmo então tenho confiança.

T – O Senhor é minha luz e minha salvação; de quem terei medo?

D – Uma só coisa pedi ao Senhor, só isto desejo: poder morar na casa do Senhor todos os dias da minha vida; poder gozar da suavidade do Senhor e contemplar seu santuário.

T – O Senhor é minha luz e minha salvação; de quem terei medo?

D – Ele me dá abrigo na sua tenda no dia da desgraça. Esconde-me em sua morada, sobre o rochedo me eleva.

T – O Senhor é minha luz e minha salvação; de quem terei medo?

Salmo 31 (Salmo de entrega)

T – Sê para mim o rochedo que me acolhe, para a minha salvação.

D – Em ti, Senhor, me refugiei, jamais eu fique desiludido; pela tua justiça salva-me! Inclina para mim teu ouvido, vem depressa livrar-me. Sê para mim o rochedo que me acolhe, refúgio seguro, para a minha salvação.

T – Sê para mim o rochedo que me acolhe, para a minha salvação.

D – Livra-me do laço que me armaram, porque és minha força. Nas tuas mãos entrego meu espírito; tu me resgatas, Senhor, Deus fiel.

T – Sê para mim o rochedo que me acolhe, para a minha salvação.

D – Piedade de mim, Senhor, pois estou angustiado; definham de tristeza minha vista, o corpo e a alma.

T – Sê para mim o rochedo que me acolhe, para a minha salvação.

D – Mas eu em ti espero, Senhor, repito: és tu o meu Deus. Na tua mão está o meu destino; livra-me dos inimigos e dos que me perseguem. Mostra a teu servo a tua face, salva-me na tua bondade.

T – Sê para mim o rochedo que me acolhe, para a minha salvação.

D – Como é grande a tua bondade, que reservaste aos que te temem, que demonstras para os que em ti buscam refúgio diante dos filhos dos homens.

T – Sê para mim o rochedo que me acolhe, para a minha salvação.

D – Bendito seja o Senhor! Mostrou para comigo uma bondade admirável, como uma cidade fortificada. Tende coragem e um coração firme, vós todos que esperais no Senhor.

T – Sê para mim o rochedo que me acolhe, para a minha salvação.

Salmo 37 (Salmo de confiança)

T – Espera no Senhor e observa seu caminho.

D – Espera no Senhor e faze o bem: assim permanecerás na terra e terás segurança. Põe no Senhor tuas delícias e ele te dará o que teu coração pede.

T – Espera no Senhor e observa seu caminho.

D – Entrega ao Senhor o teu futuro, espera nele, que ele vai agir. Fará brilhar como luz tua justiça e o teu direito como o meio-dia.

T – Espera no Senhor e observa seu caminho.

D – O Senhor firma os passos do homem, sustenta aquele cujo caminho lhe agrada. Se ele cair, não ficará prostrado, pois o Senhor segura sua mão.

T – Espera no Senhor e observa seu caminho.

D – Foge do mal e faze o bem, para viveres para sempre. Pois o Senhor ama a justiça, não abandona seus devotos. Os justos possuirão a terra, e nela para sempre vão morar.

T – Espera no Senhor e observa seu caminho.

D – A salvação dos justos vem do Senhor: é ele seu refúgio no tempo da desgraça. O Senhor os ajuda e os livra, livra-os dos ímpios e os salva, pois nele buscaram refúgio.

T – Espera no Senhor e observa seu caminho.

Salmo 62 (Salmo de esperança)

T – Só em Deus repousa a minha alma; dele vem minha salvação.

D – Só ele é meu rochedo e minha salvação, minha rocha de defesa: jamais vou vacilar.

T – Só em Deus repousa a minha alma; dele vem minha salvação.

D – Até quando vos lançareis contra um homem, para abatê-lo todos juntos, como uma parede que está caindo, como um muro que desmorona? Com a boca bendizem, mas no coração maldizem.

T – Só em Deus repousa a minha alma; dele vem minha salvação.

D – Confia sempre nele, ó povo, diante dele derrama teu coração, nosso refúgio é Deus. Não confieis na violência, não vos iludais com a rapina; às riquezas, mesmo se abundantes, não apegueis o coração.

T – Só em Deus repousa a minha alma; dele vem minha salvação.

D – Uma palavra Deus disse, duas eu ouvi: o poder pertence a Deus. Tua, Senhor, é a graça; pois segundo as suas obras retribuis a cada um.

T – Só em Deus repousa a minha alma; dele vem minha salvação.

Salmo 100

T – Aclamai ao Senhor, terra inteira, servi ao Senhor com alegria, ide a ele gritando de alegria.

D – Ficai sabendo que o Senhor é Deus; ele nos fez e nós somos seus, seu povo e rebanho do seu pasto.

T – Aclamai ao Senhor, terra inteira, servi ao Senhor com alegria, ide a ele gritando de alegria.

D – Entrai por suas portas com hinos de graças, pelos seus átrios com cantos de louvor, louvai-o, bendizei seu nome; pois o Senhor é bom, eterno é seu amor e sua fidelidade se estende a todas as gerações.

T – Aclamai ao Senhor, terra inteira, servi ao Senhor com alegria, ide a ele gritando de alegria.

Cantos

Com minha Mãe estarei (D.R.)

1. Com minha Mãe estarei
   na santa glória um dia,
   ao lado de Maria,
   no céu triunfarei.

   No céu, no céu, com minha Mãe estarei. (Bis)

2. Com minha Mãe estarei
   aos anjos me ajuntando,
   e hinos entoando
   louvores lhe darei.

3. Com minha Mãe estarei,
   então coroa digna,
   de sua mão benigna,
   feliz receberei.

4. Com minha Mãe estarei
   e sempre neste exílio,
   de seu piedoso auxílio
   com fé me valerei.

Eu confio em nosso Senhor (D.R.)
(Jorge Pinheiro)

1. A meu Deus fiel sempre, serei
eu confio em nosso Senhor.
Seus preceitos, oh! sim, cumprirei
com fé esperança e amor.

*Eu confio em nosso Senhor
com fé esperança e amor.* (Bis)

2. Vai embora qualquer tentação,
eu confio em nosso Senhor.
Mostrarei que sou sempre cristão,
com fé esperança e amor.

3. Com as armas da fé lutarei;
eu confio em nosso Senhor.
Nessa luta, por Deus vencerei,
com fé, esperança e amor.

Maria de Nazaré
Pe. Zezinho, scj – Cd: *Os grandes sucessos*,
Paulinas/COMEP

1. Maria de Nazaré, Maria me cativou.
Fez mais forte a minha fé, e por filho me adotou.

Às vezes eu paro e fico a pensar,
e sem perceber me vejo a rezar
e meu coração se põe a cantar
pra virgem de Nazaré.
Menina que Deus amou e escolheu
pra mãe de Jesus, o Filho de Deus
Maria que o povo inteiro elegeu,
senhora e mãe do céu.

Ave Maria, Ave Maria, Ave Maria, Mãe de Jesus.

? Maria que eu quero bem,
Maria do puro amor,
igual a você ninguém,
mãe pura do meu Senhor.
Em cada mulher que a terra criou,
um traço de Deus Maria deixou,
um sonho de mãe Maria plantou,
pro mundo encontrar a paz,
Maria que fez o Cristo falar,
Maria que fez Jesus caminhar,
Maria que só viveu para seu Deus,
Maria do povo meu.

Segura na mão de Deus (D.R.)

1. Se as águas do mar da vida
quiserem te afogar
segura na mão de Deus e vai.
Se as tristezas desta vida quiserem te sufocar
segura na mão de Deus e vai.

Segura na mão de Deus, segura na mão de Deus,
pois ela, ela te sustentará.
Não temas, segue adiante e não olhes pra trás,
segura na mão de Deus e vai.

2. O Espírito do Senhor sempre te revestirá
segura na mão de Deus e vai.
Jesus Cristo prometeu que jamais te deixará,
segura na mão de Deus e vai.

Nossa Senhora do Caminho (D.R.)

1. Pelas estradas da vida
nunca sozinho estás,
contigo pelo caminho,
Santa Maria vai.

Ó vem conosco, vem caminhar,
Santa Maria, vem! (Bis)

2. Se pelo mundo, os homens,
   sem conhecer-se vão,
   não negues nunca a tua mão
   a quem te encontrar.

3. Mesmo que digam os homens:
   "Tu nada podes mudar!"
   lutas por um mundo novo
   de unidade e paz.

4. Se parecer tua vida,
   inútil caminhar,
   lembras que abres caminho:
   outros te seguirão!

Eu me entrego, Senhor (D.R.)
(Reginaldo Veloso/Silvio Milanez)

Eu me entrego, Senhor, em tuas mãos
e espero pela tua salvação. (Bis)

1. Junto de ti, Ó Senhor, me refugio
   não tenha eu de que me envergonhar
   em tuas mãos, ó Senhor, eu me confio
   fiel e justo, Senhor vem me livrar.

2. A tua face serena resplandeça
   sobre o teu servo liberto em tua paz.
   De coração sede fortes, animados
   todos vós que no Senhor sempre esperais.

Esse é o nosso Deus (D.R.)
(Amália Ursi/Waldeci Farias)

1. Por melhor que seja alguém
   chega o dia em que há de faltar.
   Só o Deus vivo a palavra mantém
   e jamais há de falhar.

*Quero cantar ao Senhor, sempre enquanto eu viver
hei de provar o seu amor, seu valor e seu poder.*

2. Nosso Deus põe-se do lado
   dos famintos e injustiçados.
   Dos pobres e oprimidos,
   dos injustamente vencidos.

Bibliografia

BOSCO, João. *Manual Celebrando a Esperança*. Pato Branco: Imprepel, 2003.

GOMES, José. *Manual de bênção e celebrações*. Chapecó, 1980.

MAIMONE, José Maria. *Manual do ministro extraordinário da Comunhão Eucarística e da Palavra*. 2. ed. São Paulo: Paulus, 1990.

MANUAL MACs Extraordinário da Sagrada Comunhão e das Exéquias. Guarapuava: Pão e Vinho.

MISSAL ROMANO. *Lecionário para missas dos santos, dos comuns, para diversas necessidades e votivas*. São Paulo: Paulinas/Loyola, 1997. Vol. III.

RITUAL DE EXÉQUIAS. São Paulo: Paulinas, 1971.

RITUAL ROMANO. *A sagrada comunhão e o culto do mistério eucarístico fora da missa*. São Paulo: Paulinas, 2000.

SILVA, Rafael Vieira. *Na Casa do Pai*; encontros para exéquias, velórios, sepultamento e missas. Brasília: Gráfica e Editora Redentorista, 1999.

Sumário

Apresentação 5
Introdução 7

PRIMEIRA PARTE
Comunhão aos enfermos

Visita aos doentes 10
Visita e comunhão a um enfermo –
    primeira sugestão 12
Visita e comunhão a um enfermo –
    segunda sugestão 19
Oração com os agonizantes 25

SEGUNDA PARTE
Celebrações de exéquias

Orientações gerais 32
Celebração no velório de adultos –
    primeira sugestão 34

Celebração no velório de adultos –
  segunda sugestão 45
No cemitério – adultos 52
Celebração no velório de crianças 55
No cemitério – crianças 65
Celebrações para os sete dias após a morte 68
Rosário 104
Salmos 109
Cantos 117
Bibliografia 123

Rua Dona Inácia Uchoa, 62
04110-020 – São Paulo – SP (Brasil)
Tel.: (11) 2125-3500
http://www.paulinas.com.br – editora@paulinas.com.br
Telemarketing e SAC: 0800-7010081